JN024384

はじめに

みなさんのくらすまちは、どんなようすですか。遠くに山が見え、近くには大きな水田が広がっているのでしょうか。それとも、海岸近くで目の前に漁港があり、毎日、新せんな魚が水あげされるのでしょうか。あるいは、家が多く立ちならび、道には人びとがあふれ、多くの車が行き交う都心にくらしているのかもしれませんね。

日本は自然ゆたかな国です。まちのようすは、くらすまちによってさまざまです。人びとは、どこにくらしていても、その土地のよさを見つけ、そのよさを生かして生活しています。また、自然災害など、生活をおびやかす心配があれば、災害が起こらないように対応しています。自分たちのくらすまちがよりよいものになるように、人びとはみんなで協力して、くらしやすいまちをつくっています。そのようなまちづくりのようすをこの本で学びます。

第１巻のテーマは、「土地の特色を生かしたまち」です。
みなさんがくらす土地には、さまざまなようすが見られます。高いところ、低いところ、山の多いところ、川のあるところ、海のあるところなどがあります。また、森の多いところ、畑や水田の多いところ、果樹園が多いところ、牧場があるところもあります。寒いところや暑いところ、雨の多いところ、いつも風が強いところもあるでしょう。このように、地形や気候、土地の利用のされ方などのようすが、くらす土地によって大きく変わります。

この本で学んだ、まちを見る見方で、みなさんがくらす土地の特色は何か見つけてください。そして、その見つけた土地の特色を、どのように生かしているのか、生かそうとしているのかを調べてください。きっと、あなたのくらすまちにおいても、その土地ならではの特色を生かして、人びとが、ゆたかで安心な生活を送るようにしているいとなみがあることに気づくと思います。そして、あなた自身も、まちをよりよくするためにどのようなことができるか、考えてみてください。

この本を手に取ったあなたは、よりよいまちづくりを進めるようになるでしょう。

植草学園大学発達教育学部教授
梅澤真一

1

調べて伝える わたしたちのまち

土地の特色を生かしたまち

監修　梅澤真一

あかね書房

もくじ

この本の登場人物

あすか

小学４年生。しっかり者で行動的。家族が旅行好きで、いろいろな土地に行っている。

そら

小学４年生。少しとぼけたせいかくで、こわがり。おいしいものに目がない。

エマ

小学4年生。親の転勤で日本へ来たアメリカ人。日本の歴史や文化にとても興味がある。

ぽんすけ

全国を旅しながら、各地のまちづくりを調べているたぬき。せなかのふろしきの中には……？

わたしたちのまちを調べて伝えよう！

わたしたちのまちについて調べ学習を行うときには、
まちの情報をただ集めればいいわけではありません。
次の５つの流れを意識しながら、自分なりに考えを深め、学習を進めていきましょう。

1 テーマを決める

自分のすむまちについて、調べたいテーマを決めましょう。テーマは身近なことや興味のあることなど、何でもかまいません。そのとき、どんな人たちがどんな思いで「まちづくり」に取り組んでいるのかを予想したり、自分なりに調べる視点を見つけたりすることが大事です。どのように調べていくかの計画も立てましょう。

2 調べる

調べる方法はたくさんあります。図書館を利用したり、インターネットを活用したりするほか、実際に見学に行ったり体験をしたり、自分の目で見て、ふれることも大切です。また、まちづくりに取り組む人にインタビューを行うことができれば、その人たちの思いや工夫、努力なども知ることができるでしょう。

3 まとめる

調べたあとは、わかったことをまとめます。まとめ方はレポートや新聞、スライド資料などいろいろあるので、目的に合ったまとめ方を考えましょう。まとめるときには、調べるなかで感じたことや、自分の考えなども整理して書くようにすると、より深い学びにつながります。

4 発表する

まとめたことを発表して、だれかに伝えてみましょう。発表するときは調べたことをならべるだけでなく、その目的を考え、相手に伝わりやすいよう工夫して、自分の言葉で発表することが大切です。また、人の発表を聞くときにも自分の考えをめぐらせましょう。

5 ふり返る、実行する

発表後は自分やみんなの調べたことをふり返り、そのテーマについて話し合ったり、考えを深めたりしましょう。さらに、調べるなかで見つけた課題や、自分にできるまちづくりについて、行動にうつすことも大切です。

どんなまちがある？ ～土地の特色を生かしたまち～

先週、千葉県の海ぞいのまちへ遊びに行ったあすか。とれたての魚を食べたり、きれいな海をながめたりして楽しんだみたい。海があるまちには、どんな特ちょうがあるのかな？

土地の特色？
先生～！
よいしょ
ガラッ

そう！
日本には
土地の特色を生かして
まちづくりを行っている
地域がたくさんあるよ

漁業や農業
森林が多い
まちの林業
きれいな景色の
観光地やリゾート地
なんかも
土地の特色を
生かした
まちづくりだね

いろいろなまちが
土地の特色を生かして
まちづくりを
工夫しているのか～
そういうこと！

じゃあさっそく
調べてみよう！

おー！！
なんで二人とも
しゃべるたぬきは
気にならないんだよ～！！

それぞれの地方の特産品を知ろう

日本には47の都道府県があり、北海道、東北、関東、中部、近畿、中国・四国、九州・沖縄の７つの地方に分けることができます。それぞれの地域では、土地の地形や自然かんきょうを生かしたさまざまな特産品があります。

＊中国・四国地方をそれぞれ分けて、８地方に分けることもあります。

この地図には
生産量が全国的に
トップクラスのものや、
県を代表する特産品
などをのせているよ

6 中国・四国地方

日本海側は冬の寒さがきびしく、瀬戸内海に面した地域や四国は温暖で雨が少ないことが特ちょうです。たくさんの島があり、ふくざつな海岸線をしています。

5 近畿地方

古くから政治や文化の中心地として栄えたため伝統的な農産物も多く、京都では「京野菜」が有名。和歌山はみかんの生産量が日本一です。京都、大阪、兵庫の「京阪神」とよばれる地域は、工業も発展してきました。

7 九州・沖縄地方

あたたかい気候にてきした野菜や果物のほか、いな作やちく産など、はば広い農産物で有名です。九州には火山も多く、温泉もたくさんあります。海流に乗り多くの魚が来るため、漁業もさかんです。

4 中部地方

7 九州・沖縄地方

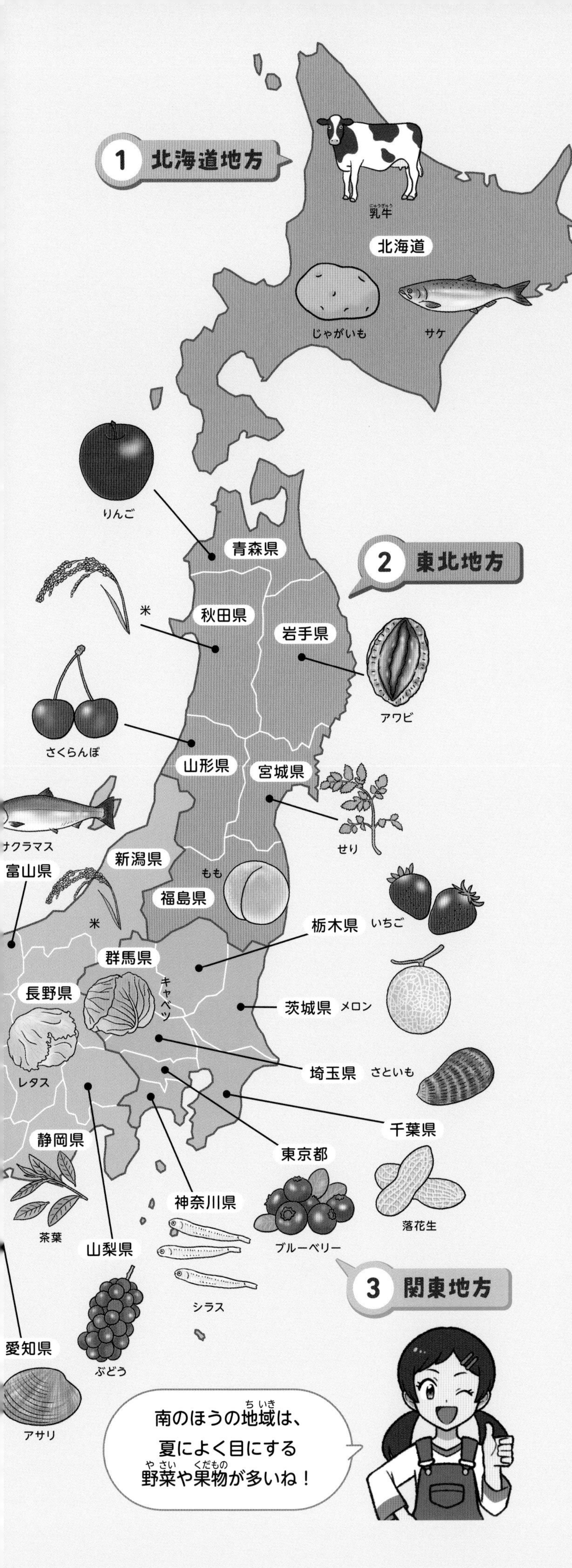

1 北海道地方

北海道は日本最大の面積を持ちます。広大な土地やすずしい気候を生かし、牛肉や乳製品、じゃがいもなどの農産物のほか、サケなどの海産物もほうふ。日本一の生産量をほこる特産品がたくさんあります。

2 東北地方

中央にある高い山やまをさかいに気候が分かれ、西側は雨や雪が多く、東側は晴れの日が多いです。すずしい気候を生かした果物の生産のほか、山からの雪どけ水や川などのゆたかな水しげんを生かし、米づくりがさかんです。

3 関東地方

１都６県にまたがる関東平野は日本一広い平野で、野菜づくりがさかん。平野に広がる野菜畑の面積は全国の野菜畑の約４分の１をしめるほどです。西側には山地があり、さらに流域面積が日本一の利根川もあります。

4 中部地方

日本のほぼ中央に位置し、漁業がさかんな太平洋側、水にめぐまれた日本海側、日本アルプスとよばれる農業がさかんな山間部でかんきょうが大きく変わることから、地域ごとにちがう特色のある特産品があります。

土地の特色を生かしたまちづくりの工夫って？

みんながくらすまちをよく観察してみよう。土地の自然かんきょうや地形を生かしたさまざまなまちづくりが行われていないかな？

たきの景色を楽しみながらボートをこいでいる人がいるよ。

ダムは川に流れる水をせきとめて、水の量を調節したり、流れを利用して発電したりしているよ。

風力発電機だ！ たくさん風がふく山間や海岸ぞいにつくられるよ。

牧場では牛が育てられているよ！ 特に標高が高い土地は気候がすずしいから、動物がすごしやすいんだね。

遊水地は洪水のとき、一時的に川の水をためて、川のはんらんからまちを守るためのものだよ。

平野にはたくさんの家が建っているね。

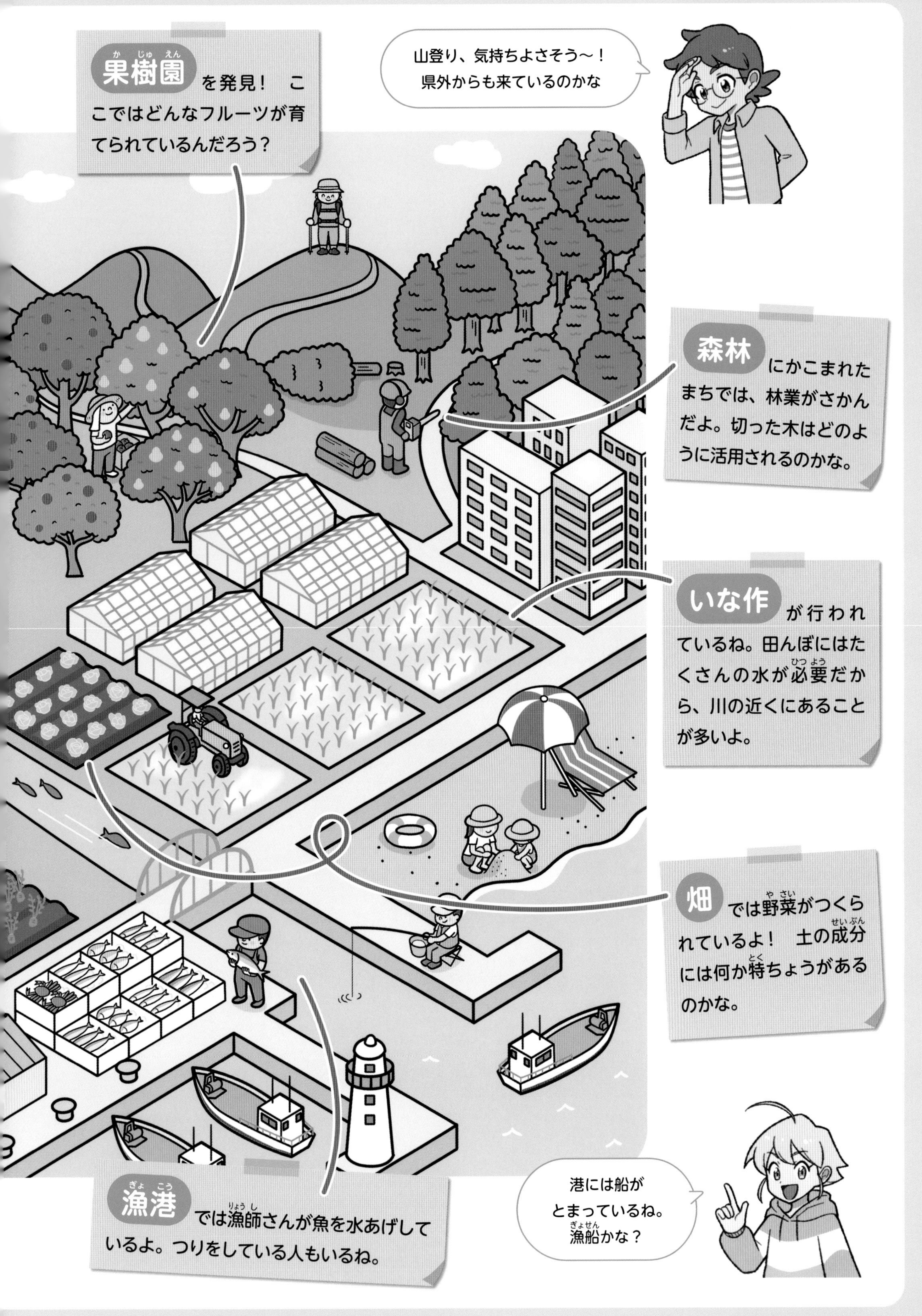
果樹園を発見！ ここではどんなフルーツが育てられているんだろう？
山登り、気持ちよさそう〜！
県外からも来ているのかな
森林にかこまれたまちでは、林業がさかんだよ。切った木はどのように活用されるのかな。
いな作が行われているね。田んぼにはたくさんの水が必要だから、川の近くにあることが多いよ。
畑では野菜がつくられているよ！ 土の成分には何か特ちょうがあるのかな。
漁港では漁師さんが魚を水あげしているよ。つりをしている人もいるね。
港には船がとまっているね。漁船かな？

みんなのまちはどう？

土地の特色を生かしたまち

日本ではさまざまな地域で土地の特色を生かしたまちづくりが行われています。その一部をテーマごとにしょうかいしますので、自分の住むまちではどんな取り組みが行われているか調べてみましょう。

🔍……取り組みについての キーワード です。「〇〇市　林業」のように、インターネットなどで調べるときのヒントにしてください。

山や森林を生かす

日本は面積の約３分の２を森林がしめる森林大国です。山や森林にかこまれた地域では林業がさかんで、建築や家具など、木材を活用したさまざまな産業が行われています。また、広大な山地は、公園や自然体験スポットなどにも活用されています。

岡山県 真庭市

たくさんの木が集められているね

◀燃料になる木材は真庭バイオマス集積基地に集められ、発電所に送られます。

バイオマス発電とは

植物などからえられるしげんを使って電気をつくることをバイオマス発電といいます。温室効果ガスのはい出ゼロを目指すカーボンニュートラルの取り組みのひとつで、木やトウモロコシなどから電気をつくります。

森の木を活用したバイオマス発電

中国山地の南側に位置する岡山県真庭市は、森林しげんにめぐまれ、日本の林業をささえてきました。しかし、1980年代半ばから木材のねだんが低下。真庭市では、この大ピンチに、市内の製材所から出る柱や板にならない木材や木の皮を利用したバイオマス発電を始めました。これらの木材はすてるためにお金がかかっていたものです。山で木を切ったときにすてられる細い木や曲がった木、えだや葉っぱも発電に利用したり、生ゴミから肥料をつくったりするなどの取り組みも進められ、げんざいでは、その取り組みを見学するバイオマスツアーも行われています。

🔍 林業　バイオマス発電　再生可能エネルギー　SDGs

鹿児島県
鹿児島市

▶よう岩地帯のツアーのようす。活火山を間近で学ぶことができます。

桜島をまるごと「博物館」に

鹿児島県鹿児島市の桜島ミュージアムは、鹿児島のシンボルである桜島をまるごと博物館と考え、活火山桜島のこうぞうや歴史を学べるしせつを運営するほか、よう岩地帯での体験プログラムなどを開さい。また、地元学校の総合学習や移住者しえんなどのサポートも行っています。

🔍 火山　博物館　自然体験

熊本県
阿蘇市

歴史ある阿蘇の草原を再生

熊本県の阿蘇の草原は、草かり・放牧・野焼きなどにより千年以上前から人びとの生活と共に引きつがれ、守られてきました。野焼きでかれ草を焼き、新しい芽を出すことで、牛たちも新せんな草を食べることができます。しかし、高れい化などにより、この100年で草原の面積は半減。都市部からボランティアなどに参加してもらい、大切な草原を取りもどすために活動しています。

🔍 草原　SDGs　ボランティア

岩手県
住田町

林業日本一を目指す木造の役場

まちの面積の約90%が山林である岩手県住田町は、「森林・林業日本一のまちづくり」をかかげ、地元の木材をふんだんに使った役場庁舎を建設。人にもかんきょうにもやさしい建物として、木造の公共建築のモデルとなっています。

🔍 林業　木造　公共建築

福井県
池田町

自然と一体になれる木の上のテント

ゆたかな森林にかこまれた福井県池田町では、自然を生かしたさまざまな体験スポットでまちを活性化。そのひとつが、木の上にはられたデッキの上にテントをはってとまれるしせつです。自然と一体化したひみつ基地のようで人気を集めています。

🔍 自然体験　林業

くらべよう

日本で一番森林が多いのは？

(2020年2月1日げんざい)

1位	2位	3位
高知県	岐阜県	島根県
83.7%	79.2%	78.7%

都道府県の面積に対する森林の面積を「林野率」といいます。日本で最も林野率が高いのは四国山地がある高知県で、その割合は80%をこえています。2位は岐阜県、3位は島根県。ぎゃくに最も林野率が低いのは30.0%の大阪府です。

(出典：2023年版『データでみる県勢』)

海や湖、川を生かす

日本は周りを海にかこまれた島国です。湖も多く、多くの川が山から海へ注いでいます。海や湖、川がある地域では、大切な自然かんきょうを守りながら、さまざまな取り組みによって、地域の活性化を図っています。

美しい島を未来まで守り続ける

沖縄県宮古島市では、島の未来を守るための取り組みとして「エコアイランド宮古島」を宣言。これは、「島の地下水を守る」「美しいサンゴしょうの海を守る」「しげんとエネルギーを大切にする」「ゴミのない島をめざす」「すべての生物が生きていけるかんきょうづくり」「未来へ地球かんきょうをバトンタッチする」という６つの目標から、島のかんきょうをたもち、いつまでも住み続けられる島づくりを目指すものです。また、この取り組みは島民だけでなく、ふるさと納税などを通じて、宮古（みゃーく*）を愛するすべての人が参加することができます。

サンゴしょう　かんきょう保全　ふるさと納税　SDGs

＊「宮古」を意味する方言

土地の特色から生まれた伝統的なお仕事なんだね！

全国初「海女のまち条例」を制定

海女は海にもぐって貝などをとる女の人のことです。三重県の鳥羽・志摩の海女漁は国の重要無形民俗文化財に指定されている一方、後けい者不足も大きな問題に。そこで三重県鳥羽市では、「海女のまち条例」を制定。海女に関心を持つ若者の定住しえんなどに取り組み、海女漁を守ることを目標としています。

漁業　水産業　海女　重要無形民俗文化財

琵琶湖のボランティア清そう

日本最大の湖である滋賀県の琵琶湖では、「びわ湖の日」である７月１日を中心に多くの人がボランティアとして参加するいっせい清そうを行っています。清そう以外にもさまざまなプロジェクトで、琵琶湖の保全に県全体で取り組んでいます。

ボランティア　清そう活動　かんきょう保全　SDGs

川とまちが一体となる水の都

市の区域の約１割が水面でおおわれている大阪市は“水の都”とよばれます。観光船が行き来する道頓堀川では、「とんぼりリバーウォーク」という遊歩道を整備するなどしてまちのみりょくを向上。乗船している人と橋の上にいる人が手をふり合うフレンドリーな光景が日常的に見られます。

かわまちづくり　観光船

このきれいな海を
たくさんの人が
見に来るんだね

「エコアイランド宮古島」を進める友利さん

さまざまな課や市民・民間事業者やおとずれる観光客と協力し、美しいサンゴやかんきょうが「千年先の、未来へ。」あり続けるための行動を大切にしています。

地元産の魚を給食に

年間水あげ量日本一（2022年時点）の漁港を持つ千葉県銚子市では、銚子漁港で水あげされる魚のうち、最も多くをしめる“マイワシ”を使った給食を市内の全小中学校でていきょうしています。2023年に出されたメニューは、マイワシのからあげに銚子特産の調味料「ひしお」や長ねぎを使ったソースをかけたもの。子どもたちはその味を楽しみながら、地元産の魚のおいしさを学びました。

漁業　水産業　地産地消　給食　特産品

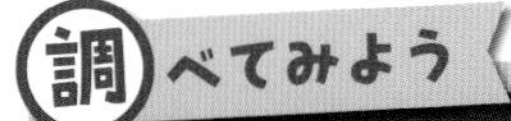

調べてみよう

みんなの学校の給食でも、地元産の食材が使われているかな？

▶水あげされたマイワシ。銚子市では、かんづめやひものなどの加工品もつくられています。

くじらに出会える海水浴場

捕鯨（くじらをとること）のまちとして知られる和歌山県太地町では、いけす内でくじらがてんじされる「くじらと出会える海水浴場」が開かれています。泳ぎながら自然に近いじょうたいでくじらを観察できるとあって、県外からも多くの人がやって来ます。

自然体験　捕鯨

▼「くじらの博物館」では、太地町とくじらのおよそ400年の歴史がてんじされています。

美しい景観を生かす

日本には、古くから短歌やはいくによまれてきた美しい景観がたくさんあります。見るだけで感動をあたえる景観は、地域の大切な観光しげんとしてまちづくりに活用され、おとずれる多くの人びとの心をゆさぶり、ひきつけています。

▲松島は松島湾内外にある複数の島のことで、その数は260あまりといわれています。

日本三景・松島を守る

宮城県の松島は、日本三景のひとつに数えられ、美しい景観が人びとをみりょうしてきました。しかし近年、生活やかんきょうの変化などにより景観が急速に変化。景観をたもつことはまちの課題となりました。そこで松島町では景観を守っていくために、町民参加のワークショップを開さいするなどしながら、協力して景観計画をつくり、自然や古くからある建物の保全などに力を入れています。町・町民・事業者が協力しながら、松島の景観を守るために取り組んでいます。

日本三景　景観保全

高千穂のたな田に新たな価値を

日本の「つなぐたな田遺産」に認定されている宮崎県高千穂町のたな田❓は、先人たちがきずいてきた美しい農地であり、自然と人が共生する「祖母・傾・大崩ユネスコエコパーク」にも登録されています。そんなたな田を、いねを作らない農かん期にも活用するため、高千穂町では会員制のキャンプ場としてその一部を貸し出し。売り上げの一部は、たな田の持ち主や自治会、神社へおさめられています。

◀テントがならぶ「尾戸の口たな田」。キャンパーと地域住民の交流も見られ、まちの活性化につながっています。

❓ たな田とは

山のしゃ面や谷間のかたむいている地で階段のようにつくられた水田をたな田といいます。2022年に農林水産省は271地区のたな田を「つなぐたな田遺産」に認定し、たな田の保全活動を進めています。

袋田のたきを生かした名所づくり

茨城県大子町にある袋田のたきは、日本三名瀑❓に数えられる茨城県を代表する観光名所です。大子町では、たきを間近で見られる観瀑台をもうけたり、ライトアップイベントを行ったりして、四季折々に変化する袋田のたきをまちづくりに生かしています。

🔍 たき

❓ 日本三名瀑とは

瀑は、たきのことです。歴史的に有名な日本を代表する３つのたきとして、いっぱん的には栃木県日光市の華厳のたき、和歌山県勝浦町の那智のたき、そして袋田のたきが日本三名瀑といわれます。

砺波平野に広がる散居村

富山県砺波市では、「カイニョ」とよばれる林にかこまれた民家が散らばっている散居村が見られます。砺波市では、散居村が一望できる展望台や博物館などを通して、散居村の景色とみりょくを伝えています。

🔍 散居村　平野　集落

▲広大な耕地の中に民家が散らばっている集落のことを散居村といいます。

大谷石のまちなみづくり

“石のまち”として知られる栃木県宇都宮市では、地域で産出する大谷石を使った建物がさまざまな場所で見られます。古くからある大谷石の蔵の修理や、建物のかべやゆかなどに大谷石を使うと、工事費の一部を補助する制度もあります。

🔍 石づくり

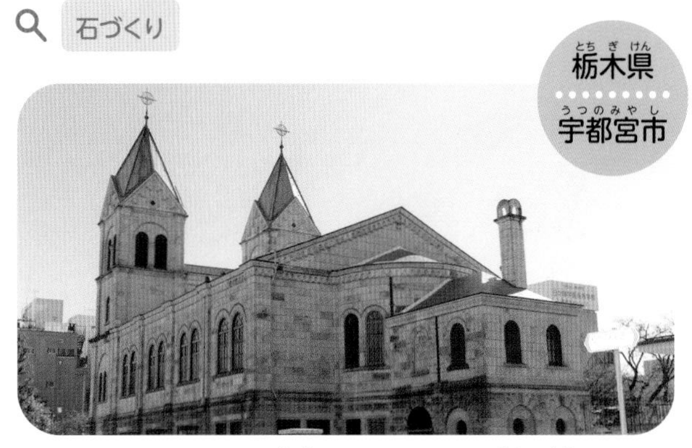

▲宇都宮市の中心地に位置するカトリック松が峰教会にも大谷石が使われています。

茶臼山高原「芝桜の丘」

高れい化が進む愛知県豊根村では、観光地の茶臼山高原に「芝桜の丘」を整備。南アルプスの広大な山やまをながめながら、約40万かぶの芝桜が楽しめます。周辺の観光しせつを住民の手で運営するなど、住民主役の村づくりも行われています。

🔍 高原　国定公園

▼一面に広がる芝桜のじゅうたん。東海地方の新たな観光スポットとして人気を集めています。

エネルギーに生かす

持続可能な世界を目指すSDGsの運動に「住み続けられるまちづくり」「エネルギーをみんなに。そしてクリーンに」という目標があります。世界的にも再生可能エネルギーの取り組みが重視されるなか、日本各地でも土地の特色を生かしたさまざまな活動が行われています。

山形県
庄内町

悪風「清川だし」を利用した風力発電

山形県庄内町に4～10月ごろにかけてふく東南東の強風は「清川だし」とよばれ、農作物にひ害をあたえたり、大火事の原因になったりしてきました。庄内町では、日本三大悪風にも数えられるこの清川だしをまちづくりに生かすため、1980年から風力発電に取り組んでいます。水田地帯に風車を建て、農業と再生可能エネルギーの両立を目指してきました。地元の事業者3社による風力発電所がつくり出す電力は、町の使用量の約60%をまかなうとともに、風力発電事業が地域けいざいの活性化にもこうけんしています。

風力発電　再生可能エネルギー　SDGs

大分県
九重町

地熱エネルギーゆたかなまち

くじゅう連山や国定公園の山やまにかこまれ、火山しげんにめぐまれた大分県九重町は、国内最大級の地熱発電所❓「八丁原発電所」をはじめ、5つの地熱発電所がある地熱のまちです。古くから温泉地としても知られ、地熱による温水は町内の温泉やホテルで活用されるほか、ハウスさいばいのだんぼうなどにも使われています。

再生可能エネルギー　地熱発電　温泉　SDGs

❓ 地熱発電とは

地熱発電は地中から取り出した蒸気で発電機を回して発電します。再生可能エネルギーの一つで、大分県の八丁原発電所をはじめ九州地方に多くの地熱発電所があります。

福島県
浪江町

水素エネルギーで未来への第一歩

福島県浪江町は、東日本大震災後の原子力発電所の事故により全町のひなん指示が6年間続き、げんざいも多くの人が町をはなれています。2020年、そんな浪江町に「福島水素エネルギー研究フィールド」がつくられました。カーボンニュートラルな社会を目指す上で、水素エネルギーはクリーンなエネルギーとして着目されています。浪江町は水素社会実現の先がけとなるまちづくりに取り組んでいます。

出典：国立研究開発法人新エネルギー・産業技術総合開発機構

水素エネルギー　太陽光発電　再生可能エネルギー　SDGs　ひさい地　復興

富山県
立山町

日本一の高さをほこる黒部ダム

富山県と長野県の県ざかい、3000m級の山やまが連なる富山県立山町にある黒部ダムは、貯水量2億トン、高さは日本一の186mという巨大ダムです。水力発電では、水が高いところから低いところに落ちるときの落差を利用して水車と発電機を回して電気をつくります。北アルプスから流れる黒部川は、そのけわしいしゃ面の地形とほうふな水量が水力発電に向いています。観光放流が楽しめる観光地がたダムとしても人気です。

水力発電　ダム　再生可能エネルギー　治水　ぼうさい　水害　SDGs

みんなのまちにも地域の特色を生かしたエネルギーの取り組みはあるかな？

©Kyuden Mirai Energy2021

海水の流れを使う潮流発電

長崎県五島市では、潮の満ち引きを利用する潮流発電の取り組みが行われています。発電機を海の底にしずめるため天候などに左右されず、景観をそこなわないのが潮流発電のメリット。2021年には日本で初めて、大がたの潮流発電機として発電に成功し、未来の再生可能エネルギーとして期待が高まっています。

潮流発電　再生可能エネルギー　SDGs

津波のひさい地で行う波力発電

東日本大震災で津波のひ害を受けた岩手県釜石市では、今度はその波を地域のために活用しようと、地元企業が2020年より国の事業のいっかんで波力発電の実験を開始。行ったり来たりする波の力を利用して発電します。県内の企業が建設から運営、管理までを行いながら、今後の実用化を目指しています。

波力発電　再生可能エネルギー　ひさい地　SDGs　復興

まちづくりコラム

土地の特色から住民を守る

土地の特色を生かすだけでなく、その特色からまちと住民を守るのも、まちづくりの大きな役割です。たとえば海岸や川辺につくられる「ていぼう」、津波のときにひなんする「津波ひなんタワー」、川のはんらんからまちを守る「遊水地」、洪水や土砂をせきとめる「ダム」など、各地ではさまざまなぼうさいの取り組みが進められています。

◀神奈川県横浜市の「鶴見川多目的遊水地」(38ページ)

▶高知県安芸市の「津波ひなんタワー」

(PIXTA)

気候や天候を生かす

全国で、気候や天候といった自然じょうけんを生かした取り組みがさまざま行われています。天からのめぐみを活用したり、きびしいかんきょうをさか手にとったりしながら、地域の人が知恵を出し合い、まちの活性化につなげています。

星空ほごに取り組む
古谷さん

“神津島の美しい星空をずっと先の子どもたちにもつないでいく”を目的にさまざまな活動をしています。ぜひみなさんも日常では味わえない満天の星に会いに来てください

東京都初の星空ほご区に

多すぎる光によって人の生活サイクルや健康がおかしくなることを光害といいます。光害のない暗く美しい夜空をほごする取り組みを世界的にみとめる制度が、星空ほご区。伊豆諸島の神津島村は、東京都で初めて星空ほご区に認定されました。街灯やぼうはん灯を光がもれない光害対策がたのものにかえ、島民ガイドを育成する取り組みも行っています。

星空ほご　光害

すずしい気候が生んだ「らく農王国」

別海町がある北海道東部の根釧台地は、すずしい気候と火山灰の土により農作物のさいばいには不向きな土地でした。そこで別海町では、そのすずしい気候を生かしてらく農を発展させ、その結果、げんざいではまちの人口より牛の数の方が多いらく農王国に。生乳の生産量は日本一をほこっています。

らく農　農業　生産量日本一

あたたかい気候を生かしたオリーブさいばい

瀬戸内海にうかぶ小豆島は、ヨーロッパでオリーブさいばいがさかんな地中海沿岸と気候が似ていたため、明治時代からオリーブさいばいが始まりました。さいばい者の努力によりオリーブのしゅうかく量がふえる一方、外国産とのねだんの競争などでオリーブ農家が大変な時期もありました。しかし、ふたたび国産オリーブの人気が高まり、その後は「小豆島オリーブトップワンプロジェクト」など、歴史ある小豆島のオリーブのブランド力を高める活動が続けられています。

農業　生産量日本一　特産品

おだやかな気候で気球が飛ぶまち

兵庫県加西市は気球の飛ぶまちとして知られ、11月から5月の飛行シーズンには全国から多くの気球チームが集まります。加西市で気球が飛び始めたのは2014年2月からです。平野が広がる加西市の上空には気球のフライトにちょうどよいかんきょうがあります。2020年には加西市オリジナルの気球も誕生。気球事業をもりあげる市民の活動も活発で、市全体で気球によるまちづくりに取り組んでいます。

🔍 気球　平野

ごう雪地帯ならではの雪中野菜

長野県信濃町は「特別ごう雪地帯」に指定されるほど雪深い地域のため、冬の間、どのように農業を行うかが長年の課題となっていました。そこで信濃町ではオリジナルのブランド「雪まち野菜」を立ち上げ、雪中にんじんや雪中きゃべつなどを開発。ごう雪地帯ならではの農業を行っています。

🔍 農業　ブランド野菜　雪中野菜

さむい冬を笑顔にかえる雪まつり

さくらの名所として名高い青森県弘前市の弘前公園で1977年に始まった「弘前城雪燈籠まつり」は市民の手作りで行われます。園内には、大小さまざまな雪燈籠や雪像が設置され、さむい冬を楽しく演出するイベントがもりだくさんです。

🔍 祭り　燈籠

▲特産品の「ゴールドバレル」はさいばいがむずかしい品種。東村産のものには目印のロゴがついています。

日本一のパインアップルの産地

沖縄県東村は、パインアップルの産地である沖縄県で、最も生産がさかんな地域です。その理由は、さいばいによい「酸性の土」「水はけのよい土地」「高い気温」がそろっているため。さらに、生産農家が特産品の「ゴールドバレル」のさいばい研究会を立ち上げ、講習会や品評会を行うなどして、品質向上につとめています。

🔍 農業　生産量日本一　特産品

みんなのまちの
土地の特色を生かした
まちづくりも
調べてみてね

まちのことを調べよう
～インタビューへ行こう！～

全国各地で、土地の特色を生かしたいろいろなまちづくりが行われていることを知った三人。次は、気になるテーマのまちづくりについて、よりくわしく調べてみることにしたよ。

おいしいものはともかく！
みんな
いいテーマだね☆
調べるだけじゃなくて
インタビューにも
チャレンジしてみよう！

まちの人に
話を聞くの？
楽しそうー！
ぼくは
キンチョー
するな～

だいじょうぶ！
じゅんびしていけば
心配いらないよ
ほっ

そういえば、
ぽんすけの
ふろしきの中には
何が入ってるの？
これ？

バサッ
いろいろなまちを
調べているときに
集めたものたちだよ！
バーンッ

わ！
おいしそう！
食べてもいい⁉

も～
やっぱりね
みんなは
自分のまちの
土地の特色（とくしょく）について
どんなことが
知りたいかな？
いっしょに
調べてみよう！
おいしいもの
ぼくも 大好き（だいすき）☆

どうやって調べる？

まちについて調べるヒント

自分たちのまちについて知りたいテーマが決まったら、さっそく調べていきましょう。調べ方にはいろいろなやり方があるため、自分が知りたいじょうほうを見つけられる方法を考えましょう。

調べる前に4巻を読んでね！

インターネットや地図を使う

インターネット上で「○○市　農業」などと調べたいキーワードをけんさくすると、さまざまな情報を手軽に手に入れることができます。まちのようすや自然かんきょう、交通などを知りたいときはウェブサイトの地図を活用しても◎。地形などは、紙の地図でかくにんするのもいいでしょう。

地図記号も見てみよう

地図によっては「地図記号」がのっているものもあります。記号から、地形のことやさかんな農産業などがよくわかるのでチェックしてみてください。

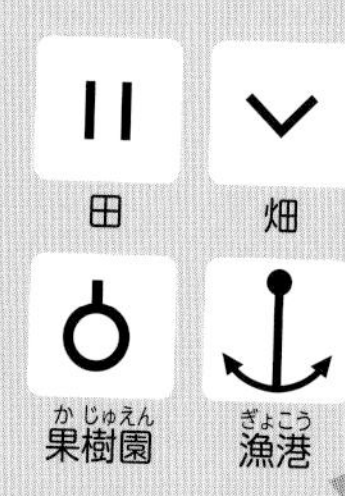

図書館や資料館、役場などへ行く

地域の図書館には、まちに関する資料や地図などがそろっています。資料館などがあれば、そこでもいろいろな情報が集まるでしょう。また、役場にもパンフレットなどが用意されています。役場の人にたずねてみれば、まちのイベントや取り組みなど、くわしい話を聞くことができるかもしれません。

こんなところへ行ってみよう

- 役場
- 図書館
- 博物館
- 記念館
- 郷土資料館

など

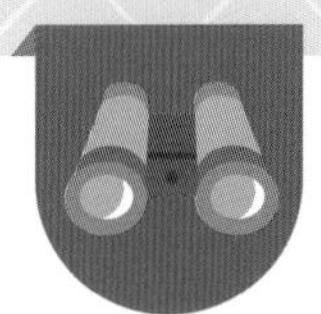

まちたんけんをする

ふだんくらしているまちも、改めてたんけんしてみると、気がつくことがたくさんあるはずです。まずは家や学校の周りから始めてみましょう。自然かんきょうやお店、どんな人がくらしているかなど、たくさんのヒントがかくれています。気になるものがあれば、写真をとっておきましょう。

まちたんけんをするときは
周りに気をつけてね！

こんなところをチェック

- 田畑などではどんなものが育てられているかな？
- 見つけたものの近くはどんな自然かんきょうで、ほかにはどんなものがあるかな？
- 自然の中にはどんな生き物が生息していたり、植物が育っていたりするかな？
- まちのお店には、地域でとれた食材などが売られているかな？
- 川や海などのゴミは、だれがそうじしているのかな？

インタビューをする

地域の産業やまちづくりについては、実際にそれらに取り組む人にインタビューをするのもよいでしょう。より具体的な情報がえられるだけでなく、資料などからは読み取れないエピソードやまちへの思いなど、貴重なお話が聞けるかもしれません。インタビュー先は、調べたいテーマをきちんと下調べしてから決めるようにしましょう。

農家などで働く人

地域の特色を生かした作物などについて知りたいときは、生産者の方に話を聞くのが一番。風土の特ちょうなどもくわしく教えてくれるでしょう。

自治体の人

自治体とは、住民のくらしをよりよくするために活動するグループのこと。市やまち全体で行っている取り組みのほか、地域の課題なども聞けるかもしれません。

まちでくらす人

まちでくらす人に話を聞くのもいいでしょう。自分では気がつけなかったまちのみりょくや知らなかった場所など、意外な発見があるかもしれません。

ほかにはこんな人

- ボランティア活動のグループ
- 観光案内所や観光スポットで働く人
- 観光をしに来ている人
- ほかの地域から移住してきた人

群馬県

嬬恋村

自然を最大限に生かした高原でのキャベツづくり

見わたすかぎりの
キャベツ畑！
山にかこまれて、
すずしいな～

嬬恋村は夏秋キャベツの生産量日本一！

群馬県の西部にある嬬恋村は、浅間山、四阿山、白根山など、標高2000ｍをこえる山やまにかこまれた自然ゆたかな村です。スキー場や温泉などの観光地もいろいろありますが、特に有名なのが、特産物である「高原キャベツ」。高原一面に広がる美しいキャベツ畑も、嬬恋村がほこる絶景です。

春に出回るキャベツを「春キャベツ」といいますが、嬬恋村でつくられているのは、夏から秋にかけてしゅうかくする「夏秋キャベツ」。平地では気温が高くて夏にキャベツをつくることができませんが、高さ1000ｍに位置する嬬恋村の夏はすずしく、雨もたくさんふるので、水やりの必要もありません。高原ならではの気候を生かし、村全体でキャベツづくりに取り組んでいる嬬恋村は、夏秋キャベツの出荷量日本一。6月～10月には8こ入りで約1900万ケースが全国に出荷されます。

温暖化などの自然かんきょうの変化や農家の人手不足などを乗りこえながら、嬬恋村の財産である高原キャベツと、キャベツ畑が広がる景色をどのように生かし、守っていくのかが村の課題です。

まちの人にインタビュー

キャベツ農家／妻の手しごと

松本もとみさん

キャベツ農家の一員として農業にはげむ一方、土産物ブランド「妻の手しごと」を立ち上げるなど、村のみりょくを伝える活動を積極的に行っている松本もとみさんに話を聞きました。

質問メモ

- 嬬恋村のみりょくを教えてください。
- 嬬恋村のキャベツづくりの特ちょうは何ですか。
- 農業以外にどんな活動をしていますか。
- どんなまちづくりをしていきたいですか。

今日はよろしくお願いします。キャベツ畑がとてもきれいですね！

ありがとうございます。嬬恋村のキャベツ畑は、山のふもと一面に広がっていて、景色がとてもきれいなんです。春と夏は一面キャベツの緑色ですが、秋はカラマツの紅葉で一面金色になって、冬は雪で真っ白に。四季折々で村全体の色が変化する、嬬恋村は自然が本当に美しくてみりょく的だと思います。

どうして嬬恋村でキャベツがつくられるようになったんですか？

先程の話にも関係しますが、嬬恋村の見わたしのいいなだらかな土地は、浅間山がふん火して、火山灰がふりつもってできたものです。

本来、火山灰土は農業には向かない土で、昔は嬬恋村でも農産物が育たず苦労していたそうです。しかし戦後に肥料などの開発が進み、役立たずだった火山灰土が一変、世界でもまれといわれるすぐれた土に変わったんです。それを機に、村が一丸となりキャベツづくりをおし進めたそうです。

浅間山は、わたしたち嬬恋村の住人にとっては特別な山なんです。浅間山の雪どけのようすを見て農作業を始める時期を知ったり、火口から出るけむりが流れる方向で明日の天気を予測したりもします。浅間山はまだわかい活火山なので、おそろしいと感じることもありますが、それでもみんなこの地をはなれないのは、それだけのめぐみもあるからなんです。

浅間山と嬬恋村には深い関係があるんですね。嬬恋村のキャベツづくりの特ちょうは何ですか？

嬬恋村ならではの自然を最大限に生かしているところかな。火山灰がまざった土もそうですが、高原ならではの昼夜の温度差がキャベツのあま味を引き出し、葉をやわらかくしてくれます。

年間を通して雨量が多くて、自然の雨だけで育てられるからこそ、畑を広げられるというのもありますね。ただ、雨がキャベツ畑にたまりすぎないよう、畑の畝*は、しゃ面にそってたてに入れて、雨をにがす工夫をしています。それとは反対に、となりの長野県では雨量が少ないため、しゃ面に対して横に畝をつくることで水をかくほしているそうです。

また、最近では気温の上しょうも気になります。温度変化に合わせ、いくつか品種を変えて育てる工夫も欠かせません。自然にたよるだけではなく、じょうずによりそうことで、自然のめぐみをたっぷり受けたおいしいキャベツができるんです。

村全体で協力してキャベツづくりをしているんですね！

＊畝……畑で作物を作るために畑の土を細長く直線じょうにもり上げた所のこと。

みんなのまちでも、土地の特色を生かしてしゅうかくされている野菜や果物はあるかな？

土や地形、雨の多さなどが合わさって、キャベツがよくつくられるんだね

▼嬬恋村から見える浅間山(左)。山のふもとのなだらかな土地にキャベツ畑が広がります。

そうですね。畑のきぼが大きいからこその工夫もいくつかありますよ。村内には、キャベツの集荷場が190か所もあります。これも広大な畑を有する嬬恋村ならではのシステム。畑でしゅうかくし、箱づめにしたキャベツは、近くの集荷場に置いておけば農協さんが手配したトラックが取りに来てくれるのです。

うちの場合、１日にしゅうかくするキャベツの量は、約1100ケース。トラクターで17回も運ばないといけない量なので、集荷場があるおかげで作業時間がグッと短くできます。

１日で1000ケース以上!?　それはすごい……！　農業以外の活動についても教えてください。

嬬恋村にはこれだけのキャベツ畑があって観光地としての取り組みもしているのに、地元オリジナルの土産物がなかったんです。そこで、嬬恋のキャベツを使ったお土産がつくれたらと思い、農業のかたわら「妻の手しごと」という土産物ブランドを立ち上げました。嬬恋村の特産品を使った商品をつくったり、はん売したりしています。

▲ダンボール箱に８このキャベツをつめます。これを１日に約1100ケースつくるということは、１日にしゅうかくするキャベツの数は……？

どんな商品があるんですか？

嬬恋産のキャベツをギュッとしぼって、約２か月かけてじっくり熟成させた「キャベツ酢」や、このキャベツ酢を使った「愛妻ダー」というサイダーなどがあります。そのほか、浅間山をテーマにしたクッキー、嬬恋村出身の美大生の子がデザインしてくれたＴシャツなどもはん売していますよ。

サイダー飲んでみたいです！　でも、農業との両立は大変ではないですか？

大変なこともありますが、やっぱり嬬恋村が好きなので、がんばれるんですよね。

このあとキャベツは、
全国各地へ
運ばれていくんだって！

▲しゅうかくのときには大きなトラクター２台を畑に乗り入れます。１台はキャベツを入れるダンボール箱を作る専用。もう１台はダンボール箱につめたキャベツを集荷場まで運びます。

農業以外のことに目を向けるようになったのは、農家の主婦10人で始めたボランティアがきっかけです。一時期、村にお金が足りなくて、存続がむずかしいと言われたときがあったんです。村にただよう暗い空気を何とかしたいと思い、「お金はないけど、体を動かすことはできるよね」とゴミ拾いをしたり、花だんをつくったりという活動をしました。

キャベツ畑に関する取材にもできるだけこたえたくて、交代で対応して、人が足りないときには、引退した年配のみなさんにも手伝ってもらって。このような活動を通して、いろいろな人が活やくできる場をつくることが、村の活性化につながると思っています。

村と人の両方が生き生きとしていくんですね。これからの目標を教えてください！

▼毎年9月に開さいされるイベント「キャベツ畑の中心で妻に愛をさけぶ」のぶ台となる愛妻の丘。そこに植えられているハートとにじをモチーフにした花だんも、村内のボランティアが手がけたものです。

▼嬬恋村観光案内所には、「妻の手しごと」の商品のほか、嬬恋村のいろいろな土産物がならんでいます。

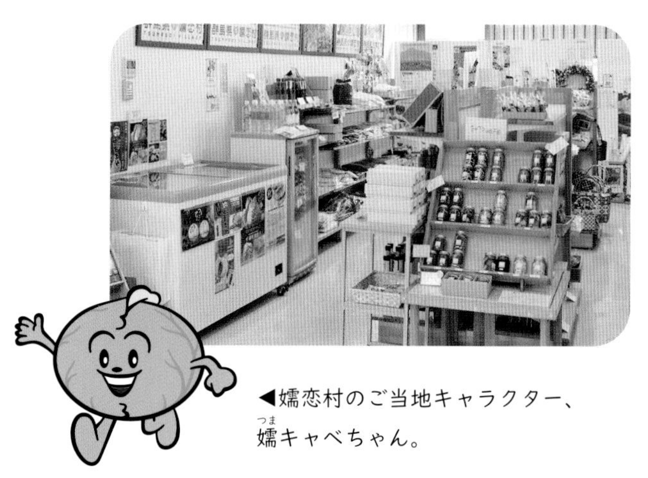

◀嬬恋村のご当地キャラクター、嬬キャベちゃん。

嬬恋村では、「嬬恋高原キャベツマラソン」というキャベツ畑の景色を楽しみながらのマラソンイベントを行ったり、ご当地キャラがいたり、村の活性化を図るいろいろな取り組みがされています。わたしもキャベツのさいばい、そして「妻の手しごと」を通して、大好きな嬬恋村にこうけんしていきたいです。

実は、嬬恋村にはまだねむっている状態の財産がたくさんあります。それを少しずつほり起こし、多くの人が活やくできる場にできたらいいなと思っています。

これからもおいしいキャベツを楽しみにしています！　本日はありがとうございました！

嬬恋高原キャベツでつながるまちづくりの輪

嬬恋村では高原キャベツの生産を通して、地域の人がさまざまな形でつながっています。みんなのまちではどんな農業が行われ、まちの人とどのように関わっているでしょうか。

農家

嬬恋高原でキャベツのさいばいをしています。夏秋キャベツの生産量は日本一です。

松本さん

特産品生産

嬬恋村のキャベツなどの特産品を使った土産物ブランド「妻の手しごと」にたずさわっています。

JA（農業協同組合）

JAは全国にある農業協同組合です。組合員の農家に技術を教えたり、ダンボールなどの資材をできるだけ安くていきょうしたり、さまざまなサポートをしています。

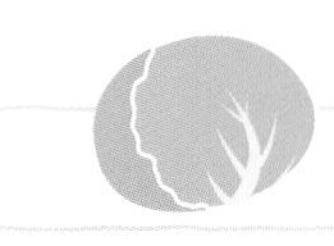

嬬恋高原キャベツ

直売所

嬬恋村で生産された農作物のはん売をしています。嬬恋村には2023年げんざい、15この直売所があります。

観光協会

嬬恋村のみりょくを発信したり、イベントを行ったりして、村の活性化を図るグループ。観光案内所では土産物のはん売などもしています。

嬬恋村観光協会 三ツ野さん

すばらしいキャベツ畑を見たり、市場に出回らない品種を求めたりして直売所に来られる方もいらっしゃいます。そのときにはぜひ、そのほかのおいしい高原野菜や温泉も楽しんでほしいです。

村役場

農林振興課や観光商工課などが、嬬恋村の農業の向上や安全を守るための制度や仕組みをつくっています。

嬬キャベちゃん許可番号R５—４号

まとめ

- ☑ 嬬恋村のキャベツは、浅間山の火山灰や、高原ならではの気候を利用してつくられている。
- ☑ 広大な畑でキャベツをたくさんつくるために、嬬恋村ならではの工夫がある。
- ☑ 農業以外でも活やくできる場をふやすことが、村の活性化につながる。

岐阜県 飛騨市
こせいはぞろいの木を生かす 広葉樹を使ったチャレンジ

オンリーワンの木材と人を結びつけるまちづくり

　岐阜県の一番北側にある飛騨市は、市内の約90%が森林という、ゆたかな自然にかこまれたまちです。その広大な森林は全国トップクラスの面積をほこり、そのうち70%近くが広葉樹❓（34ページ）というめずらしい地域でもあります。多くの林業で使われるヒノキやスギなどの針葉樹❓（34ページ）とはちがい、広葉樹は品種が多くこせいゆたかである一方、太さにばらつきがあるため使い方がむずかしいのです。しかし、「飛騨の自然を育むいい木なのにもったいない」という思いから、飛騨市では「どの木もオンリーワン！　その木に合わせた使い道を考え、多くの人に広葉樹のよさを知ってもらおう」と2014年より「広葉樹のまちづくり」プロジェクトをスタート。多様な広葉樹を活用しながら、飛騨市に広がる森林とつくり手をていねいに結びつけていくこのプロジェクトは、針葉樹が使われることが多い林業の世界ではとてもめずらしいチャレンジです。さらにSDGsの取り組みが重要とされている今、この先の未来にも受けつがれるまちづくりであることから、多くの自治体に注目されています。

飛騨市地域おこし協力隊 広葉樹活用コンシェルジュ

及川 幹さん

笑顔がまぶしい及川さん。広葉樹活用コンシェルジュとして、飛騨市の広葉樹とつくり手をつなぐお仕事をされています。飛騨市の森林の特ちょうや取り組みについて、お話を聞きました。

質問メモ 

- 飛騨市にはどんな森林が広がっていて、どんな林業が行われていますか。
- 飛騨市はどんなまちですか。
- 広葉樹活用コンシェルジュは、どのようなお仕事ですか。
- 今後の目標を教えてください。

今日はよろしくお願いします！最初に、飛騨市の森林と林業について教えてください。

飛騨市の森林は、多くが“広葉樹”という木でできています。スギやヒノキといった“針葉樹”は上にまっすぐのびるのですが、広葉樹はえだ分かれして育ち、木の太さも色も葉の形もバラバラで、本当に多種多様。そのため、大量生産の加工には向きません。岐阜県は家具の生産地とし

ても有名ですが、使われているのはほとんど外国産の木なんです。

飛騨市は小径木❓という細い木が多いのも特ちょうで、強度が足りないから細い木では家具はつくれないし、細かくきざんで燃料にするチップやまきになるものが多い。そのうえ、飛騨市にはチップを使う工場がないので、安いねだんで市外に出すしかありません。建物や家具などの用材として使われるのはほんの少し。紙のしげんにするためのパルプ工場に直送されることもあります。そこで、「飛騨市の広葉樹をもっと活用しよう！」ということで「広葉樹のまちづくり」がスタートしました。

木のお仕事を通して、飛騨市はどんなまちだと思いますか？

日本の林業では針葉樹がメインなので、広葉樹を主役にしたプロジェクトってとてもめずらしいんですよね。でも飛騨市にはこれだけの山と広葉樹林があって、それを生かすのは自然なことだな、と思ったんです。それに飛騨市には、木を切る人、仕分ける人、整える人、木で物をつくる人がいます。これほど木にまつわる仕事をしている方が一同に集まっているまちは、全国的に見てもなかなかないと思います。

❓ 広葉樹と針葉樹のちがい

広葉樹 ブナ、サクラなど
- 葉は平たく、形もいろいろ
- えだ分かれして育つ
- 生長がゆっくりで、重くてかたい

針葉樹 ヒノキ、スギなど
- 葉は細くとがっている
- 上にまっすぐのびて育つ
- 生長が早く、軽くてやわらかい

飛騨市だからできる取り組みなんですね！　広葉樹活用コンシェルジュは、どんなお仕事ですか？

さっきの話の続きになりますが、切った木がそのままパルプ工場に直送されてしまうと、どんな木がパルプになるのか、ぼくらがかくにんをする機会もないわけです。そこで、切った木をいったん市内の柳木材さんに置いてもらい、仕分けをして、おとなりの西野製材所さんで製材を行う。そこでお客さんに木の実物を見てもらって、希望に合わせて選び

❓ 小径木とは

いっぱん的に小径木の正しいきじゅんはありませんが、飛騨市では、木と人（大人）がならんだとき、人のむねの高さにある木のみきの直径が26cmくらい、またはそれ以下の広葉樹を小径木としています。

▲ばっさいされた広葉樹。太さにバラつきがあり曲がっていることもあるため、建物や家具にはあまり使われてきませんでした。

◀広葉樹からつくったお皿や小物たち。木のぬくもりにあふれ、なめらかな手ざわりもみりょく的です。

◀市役所のおうせつ室にもトチのつくえなど広葉樹を活用。天井にはブナの木の皮をうすく加工したシェードがつるされ、部屋をやさしい光で包んでいます。

出していく、というのがぼくの仕事です。

お客さんに木を切る山まで来てもらうのはむずかしいのですが、柳木材さんはまちなかにあってスペースもあるので、たくわえている木材を見てもらいながら、商品づくりの提案をすることができるのです。

丸太を材木所が買い、それを業者に売るというのはよくある方法だったのですが、こうして実際に木を見てもらえると、今までとはちがう使い方をする会社と出会える場所になります。インテリア、雑貨、おもちゃ、食器やフォークなど、広葉樹のはば広い使い方につながっていくんです。

小物などもとてもかわいいです！ところで、及川さんはどうして林業のお仕事を始めたんですか？

子どものころ、ブラジルに住んでいたことがあります。日本とブラジルでの生活を経験したことで、学生時代は民族や文化について勉強をしたのですが、文化のちがいは“その土地の自然”が大きく関係していると知りました。林業は、地域によって木の特ちょうがちがうし、関わる人の考え方もちがう。文化が風土や自然によってことなるのと、林業はにているんです。産業だけど、産業とはわり切れない“人間くさい仕事だな”と感じたのがきっかけですね。

もとは関西で林業の仕事をしていたんですが、飛騨市の広葉樹のまちづくりを知り、自分もチャレンジしてみたい！と、移住してきました。

お仕事のやりがいはなんですか？

数十年にわたる期間をかけて進む木の仕事の一部にたずさわれることかな。飛騨の木は細いと言われていますが、それでもじゅれい60～80年の木をあつかいます。小さな葉から始まり、1本の木が大人になり旅立つまでにはとても長い時間がかかるんです。そしてそのなかで、多くの人が関わります。今、育ち始めている木が旅立つすがたをぼくは見とどけられないけど、その成長かていに関われるのがとても楽しいです。

１本の木にいろいろな人の愛がつまっているんですね。最後に、今後の目標を教えてください！

飛騨市って林業がエネルギッシュに動いていた時代があって、そのころはくらしのなかの景色に製材所や木があったんですよ。実は今、昔しめてしまった製材所をまた動かそうとしているんですが、この間、そうじをしていたら「うわ、でっかい木！」と子どもたちが製材所の前をさけびながら走っていったんです。それがすごく印象的で。木を売って終わりではなく、木があることで生まれる地域のふれ合いが育てばいいなと思っています。

また今、飛騨市では木材でアサガオのはちをつくる「アサガオプロジェクト」も行っています。こうした取り組みをしながら、たとえば夏休みの工作に使う木を製材所でもらったり、おばちゃんが自転車で走りながら製材所の木をながめたり……。子どもたちや地域の人の木にふれる機会がもっとふえて、木があることで、いろいろな人が関わり合えるつながりを取りもどしていきたいです。

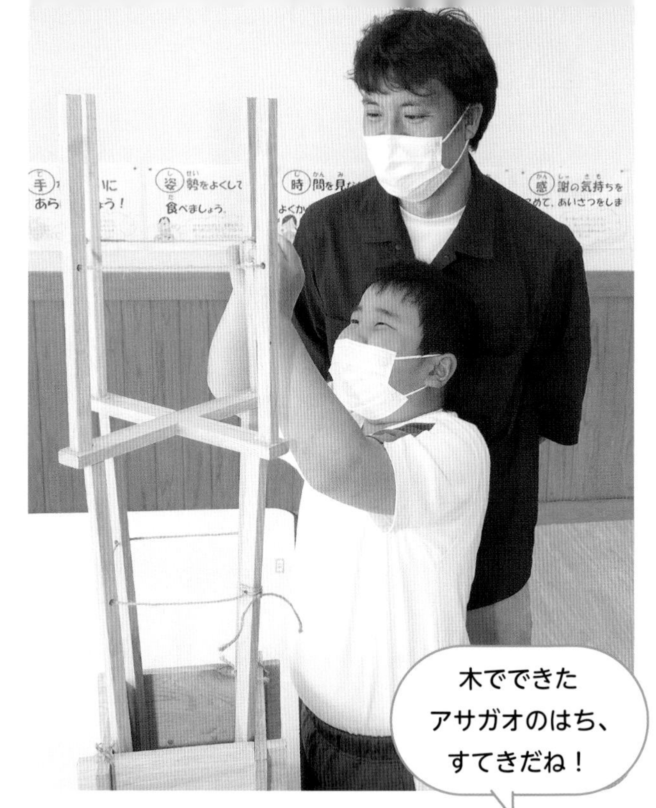

木でできた
アサガオのはち、
すてきだね！

▲市内の小学校で行った「アサガオプロジェクト」。広葉樹でつくったアサガオのはちのキットを児童たちが組み立てました。

わたしもまちにどんな木が生えているか見てみようと思います！　本日はありがとうございました。

調べてみよう

きみのまちにはどんな木が生えていて、どんな林業が行われているかな？

▲飛騨市はまちなみの美しさもみりょく。川には大きなコイが泳いでいたり、古い建物があったりと、ここ数年は観光客も多くなっているのだそう。

広葉樹でつながるまちづくりの輪

飛騨市では広葉樹を生かしたまちづくりを通して、地域の人がさまざまな形でつながっています。みんなのまちの森林は、まちの人たちとどのように関わっているでしょうか。

市役所

林業振興課を中心に、2014年から「広葉樹のまちづくり」をスタート。まちの人たちをつなぎながら、まち全体で飛騨市の広葉樹の新しい可能性を探しています。

森林組合

飛騨市の森林づくりに取り組む組合。木のばっさい、植木、木の育成を行い、飛騨市の森林を守っています。

材木屋

森林組合がばっさいした木を引き取り、仕分けなどを行います。「広葉樹のまちづくり」では、木を自由に見学し、その場で買える場を作っています。

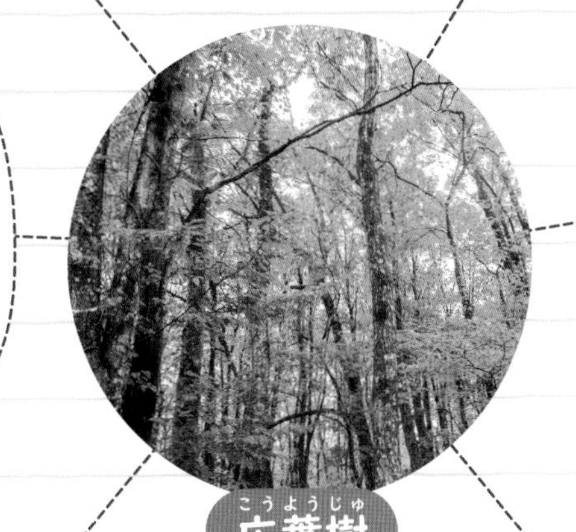

広葉樹

製材所

ばっさいした木を角材や板材に加工したり、チップにしたりします。広葉樹の製材所として、飛騨市と共に「広葉樹のまちづくり」をスタートさせました。

木工ぼうや作家さん

広葉樹を活用したものづくりを通して、飛騨市の広葉樹のみりょくを伝えています。

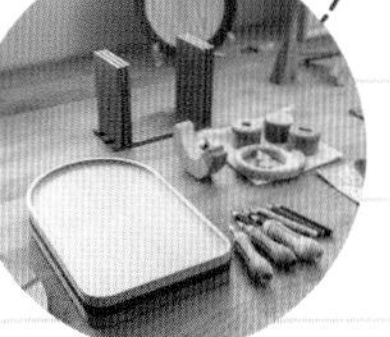

広葉樹活用コンシェルジュ

飛騨市の広葉樹の活用方法をお客さんに提案しながら、希望に合った木と出会わせ、木を切る人やつくる人、買う人たちをつないでいます。

及川さん

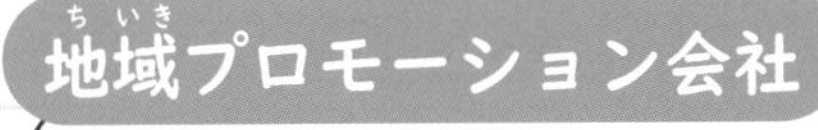

地域プロモーション会社

飛騨市役所と協力して「広葉樹のまちづくりツアー」を行うなど、飛騨市の森林を生かすためのさまざまなイベントやプロジェクトを運営しています。

まとめ

- ☑ 飛騨市の森林は広葉樹が多く、ほとんどがチップやまきに使われていた。
- ☑ 広葉樹をもっと活用するために「広葉樹のまちづくり」がスタート。これは、木の仕事をする人がそろう飛騨市だからこそできる取り組み。
- ☑ 製材所で木を直接見てもらうことで、木とお客さんを出会わせる。
- ☑ 木を中心に多くの人が関わっていける地域のふれ合いも育てる。

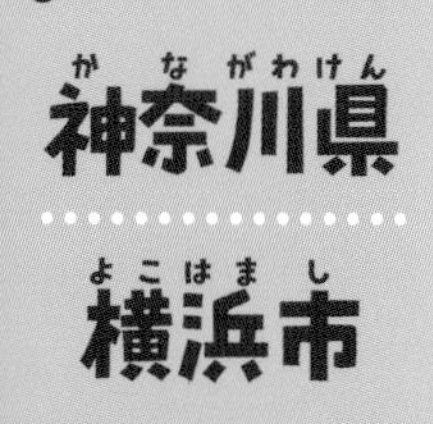

水害からくらしを守り 水と緑でうるおうまちへ

(写真提供：国土交通省京浜河川事務所)

鶴見川は洪水をくり返す“あばれ川”だった

東京都町田市を水源にして、神奈川県川崎市、横浜市をうねうねと曲がりながら流れ、東京湾へと注ぐ全長42.5kmの鶴見川。昔から大雨によってたびたびはんらんし、くり返し洪水のひ害をもたらしてきました。やがてけいざいが成長し流域❓（40ページ）に鉄道や高速道路などができると、川の周辺には次つぎに住宅が建てられ、森林や田畑はコンクリートやアスファルトでうめられてしまいました。その結果、土地に雨水がしみこまず、一気に川に流れこむようになり、洪水が起きるきけんせいがさらに高まってしまったのです。

そこで1980年、川や下水道の整備に加え、水害をふせぐためのさまざまな取り組みを流域全体で進める「総合治水対策」が、全国に先がけてスタートしました。川が増水したときに水を引きこんで一時的にためておく「鶴見川多目的遊水地」もそのいっかんでつくられたもの。2004年には、水質改善や川とのふれ合いなど、水害対策以外の課題もカバーした「鶴見川流域水マスタープラン」が定められ、鶴見川の課題を総合的に解決するための計画が進められています。

まちの人にインタビュー

国土交通省関東地方整備局 京浜河川事務所

新井 悠司さん（写真左）、大野 智弘さん（写真右）

鶴見川多目的遊水地をはじめ、鶴見川流域では水害から人びとのくらしを守るいろいろな対策が行われています。多目的遊水地や川を管理する新井さんと大野さんにお話を聞きました。

質問メモ

- 鶴見川はどんな川ですか。
- どんな洪水対策をしましたか。
- 鶴見川多目的遊水地にはどんな役割がありますか。
- 鶴見川にはどんな生き物がいますか。
- お仕事のやりがいはなんですか。

今日はよろしくお願いします！ まず、鶴見川の特ちょうを教えてください。

鶴見川はかつて「あばれ川」とよばれていたほど、昔からひんぱんに洪水を起こす川でした。それに追い打ちをかけたのが、流域の急速な市街化*です。昭和30年代初期にはこの辺りは森や田畑ばかりでしたが、昭和50年には60％くらいの土地が住宅地になりました。コンクリート

＊市街化……住たくや商店が建ち、まちがにぎやかになること。

やアスファルトのせいで地中に水がしみこまなくなり大量の雨水が川に集まり、水害が多発。治水対策（川の整備などを行い、水害をふせぐこと）が大きな課題となりました。

それは大変！　どのような対策をしたんですか？

川はばを広げたり、川底をほったりするなどの川の工事だけでは対処しきれないじょうきょうだったため、国と県や市町村が協力してさまざまな対策に取り組み、水害をへらそうという「総合治水対策」が1980年から本格的に始まりました。鶴見川は日本全国でも最初にこのような試みが行われた川のひとつです。

下水道の整備もしましたし、保水機能を持つ森や田畑の保全、住宅の開発工事をするときに雨水をためる調整池をもうけなければいけないルールをつくるなど、雨水の流出をおさえる流域対策も同時に進めてきました。げんざいでは約5千の調整池がつくられています。そして、流域の治水しせつのなかで最も大きいのが鶴見川多目的遊水地です。

鶴見川多目的遊水地はどのような場所なのですか？

鶴見川多目的遊水地は川が大きく曲がり、水があふれ出やすい場所にあります。大雨で川が増水したとき、上流から流れてきた水を一時的に遊水地内にためて、川の水位が急にはげしく上がるのをふせぐのが役わりです。390万立方m、25mプールにして約1万ぱいの水をためることができます。

人口が多い市街地のなか、しかも新幹線の駅のそばにあるという点でも大変めずらしく、公園やスタジアム、サッカー場や野球場のほか、リハビリテーションしせつなどがつくられています。水をためることは年に1度くらいなので、ほとんどの日はスポーツや散歩を楽しむ場として市民のみなさんに親しまれています。スタジアムなどの建物は、川の水が流入しても浸水しないよう高床式のこうぞうになっています。

流域とは

ふった雨は高いところから低いところへ流れて川に集まります。雨が流れこむはんいをその川の流域といいます。

◀▼鶴見川多目的遊水地内の新横浜公園。日産スタジアムのほか、野球場やテニスコート、運動広場、遊具などもあります。

(PIXTA)

◀鶴見川多目的遊水地の区域。鶴見川がはんらんすると越流堤から川の水が遊水地に自然に流れこみ、水位が下がったら排水門から川に流す仕組みです。

公園やグラウンドが全部水につかってる！　遊水地がなかったら、周辺に住む人はどうなっていたのかな…

◀▶2014年10月、台風18号で遊水地に鶴見川の水が流れこんだときのようす。運用以来最大の約154立方mの水がたまりました。

（写真提供：国土交通省京浜河川事務所）

だから「多目的」と名づけられているんですね！　水位はどうやって調整するんですか？

川の水位が上がると、周りのていぼうより３ｍほど低い越流堤から川の水が自然に遊水地に入ってくるようになっています。そしていったん水をためこんだあと、雨がやんで川の水位が下がったら、排水門を開けて少しずつためた水を川に流していきます。わたしたちはつねに川の水位を観測して横浜市と情報を共有しており、遊水地へ水の流入がありそうであれば、公園の利用を中止するなど事前の対策がとられます。

2003年に運用を開始してから今年で20年。これまでに23回水が流入し（2023年7月時点）、川があふれるのをふせいできました。

23回も！　水害からまちを守ってくれているんですね。鶴見川には生き物も生息しているんですか？

総合治水対策が始まる前、生活はい水の流れこみが原因で、鶴見川の水質は全国ワースト３に入るほど悪化し、生き物もあまりいませんでした。流域の市街化は川の水質にもえいきょうをおよぼしていたんです。けれど下水処理能力が向上したこと、さらには水の汚染や水辺のふれ合いなど、治水以外の課題にもみんなで取り組んでいこうという「鶴見川流域水マスタープラン」が2004年につくられたことにより、今ではかなりよくなっています。アユやモツゴなど60種類以上の魚のほか、たくさんのこん虫や鳥が生息し、多様な生き物とふれ合える良好な自然かんきょうにあると言えますよ。

水害対策以外にもいろいろな計画が実行されているんですね。お仕事のやりがいは何ですか？

気候変動などにともない、近年各地で豪雨ひ害が起きています。そのため、先進的な多目的遊水地や流域一体となった鶴見川の総合治水対策はとても注目度が高まっていて、日本だけでなく海外からの見学もふえています。わたしたちも多くの方に知っていただけるよう、一生けん命に活動をしているところで、それが実際の行動につながったと聞くのが一番うれしいですね。住民のみなさんから感謝の言葉がとどくこともあり、安心・安全なくらしにこうけんできていることを実感します。

鶴見川に関するぼうさいじょうほうを発信する「鶴見川流域センター」も開設から20年がたちました。同センターで勉強した小学生が今では先生になり、学校で水害について教えているといった話も聞きます。こうしたことがつながって、ぼうさいや、かんきょうを守る意識が少しずつ広がっていってほしいと思います。

▶▲鶴見川流域センターには、周辺で見られる生き物たちをてんじする水そうのほか、ふれ合いコーナーなどもうけられている。

生き物たちは、地域のボランティアの人がていきょうしてくれたものなんだって！

調べてみよう

みんなのまちを流れる川で水害が起きたことはあるかな？　どんなぼうさい対策がされているのかな？

わたしたちが水害にそなえてできることはありますか？

ひなん所の場所をかくにんしておくこと、大雨がふったらおふろの水を流さない、雨水タンクに水をためて花の水やりに使うなどして、できるだけ川に流れる水の量をへらすことが大切です。増水した川を見に行くのはとてもきけんなので、ぜったいにやめてくださいね。また、せっかくまちに川があるのなら、きれいにたもつことも心がけてみてください。お皿をあらうときは、先に油をふき取るなど、よごれを流さないように気をつけましょう。川の清そう活動などに参加してみるのもいいですね。

わたしたちもまちづくりに関われるんですね！　本日はありがとうございました！

遊水地でつながるまちづくりの輪

横浜市では水害からまちを守り、川をきれいにたもつために、地域の人がさまざまな形でつながっています。みんなのまちの川にはどのような対策があり、どんな人が関わっているでしょうか。

公園の管理者

多目的遊水地内の新横浜公園の管理は横浜市からいらいされている協会などが担当。鶴見川から水が流れこむきけんがあるときに公園をしめたり、浸水後の公園のそうじや消どくをしたりします。

国土交通省

横浜市と協力し、鶴見川流域に住む人たちを水害から守り、鶴見川と共に生きるための取り組みを行います。

新井さん

大野さん

遊水地

近りん地域のまち

横浜市と国土交通省のほか、鶴見川流域に位置する川崎市、町田市、神奈川県、東京都が合同で「鶴見川流域水マスタープラン」を定め、水害に強い流域づくりや、川とのふれ合いイベントなどに取り組んでいます。

流域センター

鶴見川流域の治水、ぼうさい、自然、歴史などを学べるのが「鶴見川流域センター」。総合学習にも役立つ場所として2003年にできました。

流域にくらす人びと

鶴見川多目的遊水地によって、水害から守られています。川そうじのボランティアなどで、川の保全活動にも参加できます。

まとめ

- 流域が急速に発展したために鶴見川では洪水がひんぱんに起こり、「総合治水対策」が全国でもいち早く始まった。
- 鶴見川多目的遊水地はふだんは公園として親しまれ、大雨のときには川の水をためて洪水をふせいでいる。
- 洪水対策だけでなく、かんきょう問題など鶴見川に関わるさまざまな課題にも流域全体で協力しながら取り組んでいる。

話し合ってみよう！

わたしたちにできるまちづくり

みんなのまちの特色ある産業や自然かんきょうは、まちの行政や住民の方たちのまちづくりにより、守られて発展しています。みんなにもできるまちづくりは何でしょうか。話し合ってみましょう。

まちの産業のためにできること

産業のためにできることか〜。
何だろう？

地元産の食材や加工食品などを
食べることで、まちの産業の役に
立てるんじゃないかな？

たしかに！
あとは、地元の商店街などで
買い物をするのもいいよね

まちの農業を体験したり、
お店を手伝ったりするのは
どうかな？

それもいいかも！
まちの仕事や働く人のことを知るのは
大事だと思うな

まちに観光地があるなら
遊びに行って、地域のお土産を
買うとかもいいよね！

話し合うときのポイント

- 発言するときは手をあげる
- 思ったことは積極的に発言する
- 人の意見はきちんと聞く
- 自分とちがう意見でも考えてみる
- 人の意見をけなさない
- 気になったことは質問する
- 実際に行動にうつせるよう、メモなどをとっておく

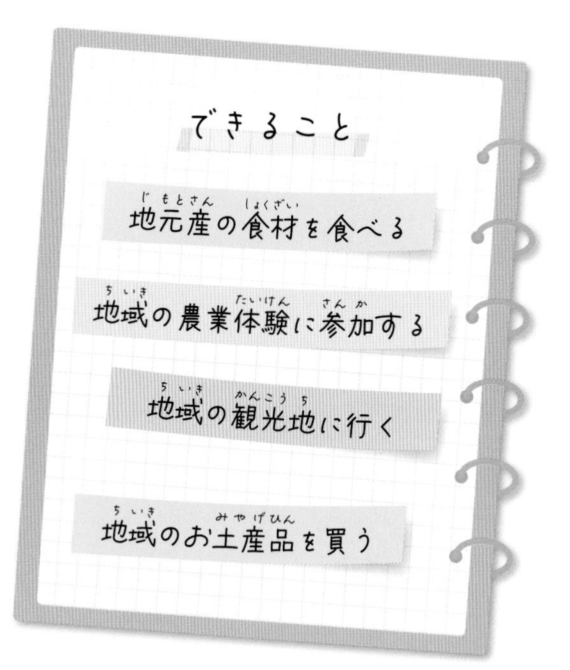

まちの自然のためにできること

当たり前だけど、ポイすてをしないことは、自然を守る活動につながるよね。まちの清そうボランティアにも参加してみよう！

まちの植物や生息する生き物について学ぶのはどう？ 実際にふれ合うことで、まちの自然をより大切にできるはずだよ

自然体験スポットに行くのもいいよね。植林活動などで森づくりに参加するのもすてきだね！

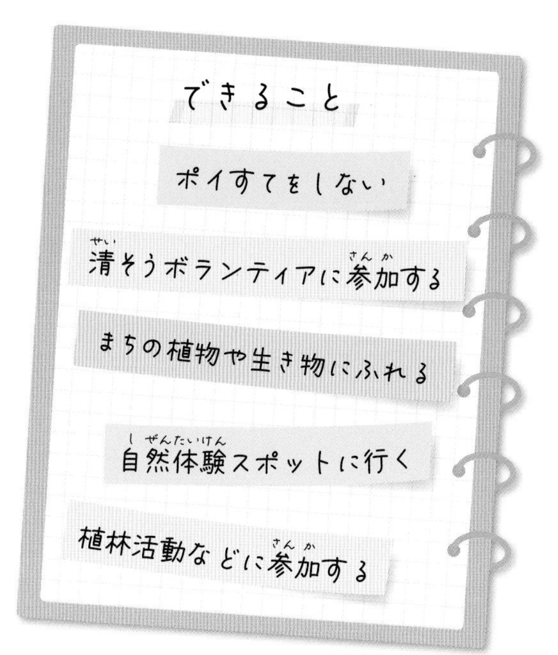

まちのみりょくを伝えるためにできること

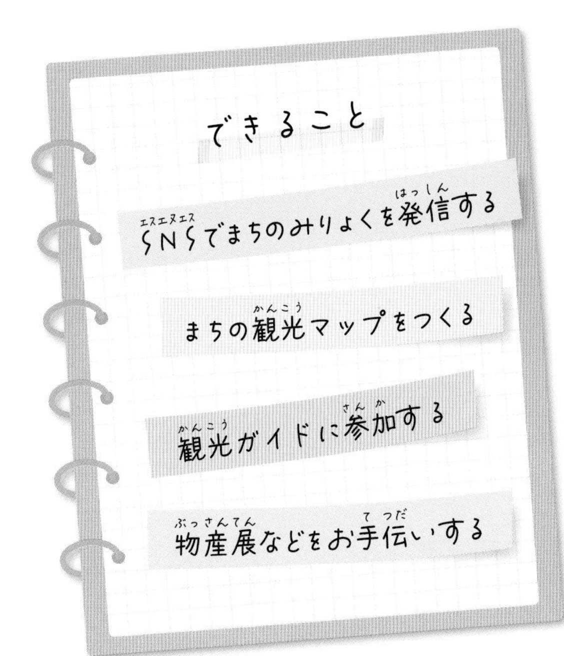

SNSを使って、まちのみりょくを発信してみよう！　その投こうを見て、まちに来てくれる人がふえたらいいな

観光マップをつくって、まちのお店や観光地などに置いてもらうのは？ おすすめの場所などをのせたいな！

この間、地域の観光地で観光客を相手にガイドをしている小学生のニュースを見たよ。わたしたちにもできないかな！

小学生のみんなにも、まちのためにできることはたくさんあるよ！ 今できることだけでなく、将来できることも考えてみてね！

調べて伝える わたしたちのまち 全巻さくいん

さくいんの使い方

あ 藍染め …… [2]17
行　キーワード　巻数　ページ数

監修

梅澤真一（うめざわしんいち）

植草学園大学発達教育学部教授。千葉県公立小学校、千葉大学教育学部附属小学校、
筑波大学附属小学校教諭を経て、2023年より現職。東京書籍『新しい社会』教科書編集委員。
価値判断力・意思決定力を育成する社会科授業研究会の代表も務める。

漫画　ナガラヨリ
イラスト　石崎伸子
デザイン　GRiD
DTP　有限会社ZEST
撮影　宗田育子、松岡誠太朗
取材・執筆　城台晴美、高島直子、財部 智、横井千恵
校正　夢の本棚社
編集　株式会社スリーシーズン

取材協力

妻の手しごと、嬬恋村観光協会、嬬恋村役場、
飛騨市役所 農林部 林業振興課、
国土交通省 京浜河川事務所、
鶴見川流域センター

協力・写真提供

真庭市役所 産業観光部 林業・バイオマス産業課、NPO法人桜島ミュージアム事務所、環境省 阿蘇くじゅう国立公園管理事務所、ツリーピクニック アドベンチャー いけだ、住田町役場 企画財政課、宮古島市役所 企画政策部 エコアイランド推進課、鳥羽市役所 観光商工課、滋賀県庁 琵琶湖環境部 環境政策課、大阪市建設局 道路河川部河川課、千葉県農林水産部 水産局 水産課流通加工班、銚子市立船木小学校、太地町役場 産業建設課、松島町役場 企画調整課、合同会社Trailhead、大子町役場 観光商工課、砺波市役所 商工観光課、宇都宮市役所 都市整備部 景観みどり課、茶臼山高原協会、庄内町役場 環境防災課 温暖化対策係、九重町役場 商工観光・自然環境課、浪江町役場 産業振興課 新エネルギー推進係、国立研究開発法人新エネルギー・産業技術総合開発機構、関西電力株式会社 黒四管理事務所、五島市役所 総務企画部 未来創造課ゼロカーボンシティ推進班、九電みらいエナジー株式会社、株式会社マリンエナジー、地域共創・セクター横断型カーボンニュートラル技術開発・実証事業「インテリジェント吸波式波力発電による地域経済循環ビジネスモデル実証事業」、別海町役場 産業振興部農政課、神津島観光協会、小豆島町役場 オリーブ課、加西市役所 ふるさと創造部文化・観光・スポーツ課、有限会社信濃町ふるさと振興公社、弘前市役所 観光部観光課、東村役場 農林水産課、PIXTA

調べて伝える　わたしたちのまち①
土地の特色を生かしたまち

2024年1月10日　初版発行

監　修　梅澤真一
発行者　岡本光晴
発行所　株式会社あかね書房
〒101-0065　東京都千代田区西神田3-2-1
電話03-3263-0641（営業）　03-3263-0644（編集）
印刷所　株式会社精興社
製本所　株式会社難波製本

ISBN978-4-251-06744-9

https://www.akaneshobo.co.jp

NDC361
梅澤真一
調べて伝える　わたしたちのまち①
土地の特色を生かしたまち
あかね書房　2024年　48p　31cm×22cm

調べて伝える

わたしたちのまち